Mabel Amen

# Cuentos de ciencia y Con_ciencia

**Mabel Amen**

# Cuentos de ciencia y Con_ciencia

## Cuando la ciencia ficción se transforma en realidad gracias a nuevos descubrimientos científicos

**JustFiction Edition**

**Imprint**
Any brand names and product names mentioned in this book are subject to trademark, brand or patent protection and are trademarks or registered trademarks of their respective holders. The use of brand names, product names, common names, trade names, product descriptions etc. even without a particular marking in this work is in no way to be construed to mean that such names may be regarded as unrestricted in respect of trademark and brand protection legislation and could thus be used by anyone.

Cover image: www.ingimage.com

Publisher:
JustFiction! Edition
is a trademark of
Dodo Books Indian Ocean Ltd., member of the OmniScriptum S.R.L Publishing group
str. A.Russo 15, of. 61, Chisinau-2068, Republic of Moldova Europe
Printed at: see last page
**ISBN: 978-620-3-57566-8**

# Cuentos de Ciencia y con_ ciencia

Autor:

Mabel Amen (biografía)

Médica dermatóloga, por la Universidad de Buenos Aires, miembro de la Sociedad Argentina de dermatología. Comentarista del diario Baires digital. Escribe notas sobre periodismo científico y temas de salud.

## "El chip que abre el cajón de los recuerdos"

Me despierto una mañana, y no se dónde me encuentro. Sólo veo gente y cosas desconocidas para mí.

Supongo que no estoy en casa; tal vez esté en un hospital, porque veo gente vestida de blanco como si se tratara de enfermeras, y otras personas en sillas de ruedas.

¿Qué estoy haciendo ahí? ¿Quién me llevó? ¿Acaso estoy enferma?

Quisiera irme a mi casa, pero nadie me escucha.

En medio de tantos interrogantes, se acerca una mujer con voz cansada; tal vez de mí o de su rutina, que me dice: "Buen día Emilia, es hora de levantarse a desayunar". Me toma de las manos, y me guía hacia una mesa junto a otros enfermos. Al lado mío, se sienta un anciano, que inclinándose me saluda: " Buen día, señora". Le respondo:       " Buen día, señor". Lo miro, pero, ¿lo conozco? Esos ojos con mirada profunda y sincera, me resultan amigables. Tal vez sea la única persona de ese lugar que me agrade.

No puedo recordar la cantidad de horas ni días que llevo allí en compañía de completos extraños.

No puedo saber dónde está mi familia. ¿Qué pasó con mi madre y con mi hermana?

Algunas veces vienen a saludarme dos jóvenes muy cálidos, que me besan y abrazan; pero también lo hacen con el señor de la mirada profunda y sincera ¿Por qué lo conocen?
La señorita se parece mucho a mi hermana, pero es un poco más guapa. Y el hombre que la acompaña, tiene la misma mirada encantadora que mi compañero de sala.

Van pasando los días y otra vez la misma voz cansada de la enfermera diciéndome: " Emilia, levántate a desayunar". Después de eso, no puedo recordar cómo pasan mis días en ese lugar. Es como si el reloj, se hubiese detenido.
......
Un día vinieron a buscarme unos hombres vestidos de blanco. Me pusieron en una camilla, y me llevaron a un lugar donde todo era blanco. Sólo veía una luz que me encandilaba. Adormecida, escucho que dicen: " La colocación del chip fue todo un éxito". Miro a mi

alrededor, y ¡Lo veo a mi compañero de sala! ¡El de la mirada encantadora!

Con una parte de su cabeza rasurada y un pequeño tajo con puntos. Le pregunté a una enfermera que pasaba por allí, si a mí me hicieron lo mismo que al señor de al lado. Me dijo que sí y que debía descansar.

¿Qué nos hicieron Atilio? Ahora puedo reconocerte.

Puedo oler el perfume a menta de aquella noche de verano, cuando me dijiste que me amabas. Esos ojos profundos y sinceros que me hicieron sentir viva, durante cincuenta años de casados. Y tuvimos dos hermosos hijos, que ahora puedo recordarlos, los que nos visitan y nos llenan de abrazos.

 Al día siguiente me siento bien, llena de recuerdos. Me siento viva. Sólo quiero irme a casa y dejar ese lugar lleno de vacío.

Atilio se sienta a mi lado, me toma de la mano y con su mirada, puedo comprender lo que quiere, que es lo mismo que yo deseo. Nos levantamos y, haciéndonos los distraídos, abrimos la puerta principal y nos vamos...A nuestra casa. Estoy segura que podremos llegar sin olvidar el camino.

¿Sabías qué? Recientemente, el profesor de ingeniería médica Dong Song, consiguió demostrar que el uso de implantes en el cerebro, puede mejorar la memoria humana. Este descubrimiento podría implicar importantes avances, en el tratamiento de enfermedades neuronales como el Alzheimer.

Según un artículo publicado en New Scientist, el chip que diseñó Song imita la forma en que se procesan los recuerdos en forma natural. "Estamos escribiendo el código neuronal con el objetivo de mejorar la función de la memoria. Esto nunca se ha hecho antes", dijo.

## Una amiga con" super poderes"

Tamara tenía diez años cuando dejó de ver a su amiga Luciana.

Fue cuando Luciana se iba de vacaciones a Mar del Plata y sufrió un terrible accidente en la Ruta dos. En el cual murieron sus padres y sus dos hermanos.

Luciana sobrevivió, pero a pesar de muchas cirugías, nunca volvió a caminar ni hablar.

Los doctores dijeron que no podían hacer más nada y la internaron en una sala de cuidados intensivos de una clínica neuropsiquiátrica en Mar del Plata.

Muy triste quedó Tamara al saber que no podría volver a jugar con su querida amiga.
................

Pasaron los años, sin tener noticias de ella.

Tamara terminó la primaria, luego la secundaria y aprobó el ingreso a la Universidad. Le interesaba la ciencia, en especial la biotecnología.

.................

Era un día soleado el primer día de clase en la Facultad. Tamara se dirigió a la sala de biología y se sentó en el primer banco, sin prestar atención a la chica que se encontraba a su lado. Era rubia y usaba muletas.

Cuando de repente siente una voz interna que la llama:¡ Tamaraaa, Tamaraaa!

La joven mira a la chica rubia que está a su lado y grande fue su asombro, cuando vio que era ¡Luciana!

Tenía la misma sonrisa, los mismos ojos y los mismos lunares en la misma mejilla.

Tamara emocionada abraza fuertemente a Luciana, tanto que no podía separarse de ella.

¡No podía creer, cómo se recuperó después de que le habían dicho que nunca volvería a caminar ni hablar!

Luciana le contó a su amiga, que los médicos la sometieron a una operación en el cerebro y le introdujeron un chip que reproduce los circuitos neuronales y los potencia tanto, que puede desarrollar poderes de telepatía, a través del cual pudo conectarse con ella mentalmente para que se inscriba en la misma Cátedra. También gracias al chip, podía mover cosas con la mente, capacidad que se llama "telequinesia", tales como mover las hojas de un libro sin usar las manos.

Luciana dijo: "donde va mi atención, la energía se dirige";y es por eso que  las neuronas motrices para caminar y aquellas
 que me permiten hablar se reconectaron con los circuitos del chip y le permitieron recuperar esas funciones.
...................

¿Sabías que un científico llamado Elon Musk desarrolló un chip llamado "Neuralink" que puede curar enfermedades como el Parkinson y el Alzheimer?

Este chip actúa como interfaz cerebro-computadora y se harían muy pronto ensayos en humanos a finales del año 2021.

Se le grabaría información de varias neuronas e incluiría su actividad en un algoritmo de decodificación, prediciendo la intención del movimiento.

También el chip estaría diseñado para implantar inteligencia artificial, que podría desde curar una parálisis, hasta desarrollar poderes telepáticos.

# ¿Será verdad lo que me contó el taxista?

No le creí cuando me lo contó. Tampoco creo que le crean ustedes. Pero mi vecino el taxista, es una persona muy respetada en el barrio, y no creo que le guste que pensemos que está loco.

Quizá alguna vez podamos entender cómo Marina tomó el taxi de mi vecino, cuando ya nadie la esperaba.

Eran las 8 de la noche. Juan volvía con su taxi a su casa por la calle Ramón Falcón, cuando una chica joven con un vestido rosa y recién sacado de la tintorería, lo paró.

-¿ A dónde la llevo señorita?- le dijo Juan

- Rápido- le contestó Marina- Lléveme hasta Lacarra y Rivadavia.

-Parece que lleva prisa- preguntó Juan.

-Si. Y mucha. Hoy festejo mis quince años, y tengo que estar lista a las 9. Los invitados me esperan.

- Así que, como hoy hay fiesta, iremos a toda velocidad.- afirmó Juan con entusiasmo.

Luego de unos minutos, apenas cruzó el semáforo verde y encontró un lugar para estacionar, dijo: " Hemos llegado".

Marina le pidió que esperara en la puerta hasta que le avisara a la madre que baje a pagarle. Abrió la puerta del taxi y se adentró en la casa.

Juan esperó unos minutos, diez, quince, veinte; hasta que decidió bajar y tocar el timbre; seguramente con los nervios de la fiesta, se habrían olvidado de él.

Grande fue su sorpresa, cuando le abre la puerta una señora con cara muy triste y vestida de negro; no precisamente como para ir a una fiesta.

-Buenas noches- la saluda el taxista- ¿Aquí vive Marina?

-Yo soy su madre- dice la mujer, -pero ella ya no vive aquí-

- ¿Cómo?- responde extrañado Juan- Precisamente recién la dejé en la puerta con el taxi y me dijo que festejaba su cumpleaños.

-Pero, ¿qué dice? Si usted ni la conocía ¿Cómo era ella? -Le pregunta asombrada.

-Era rubia, pelo largo, ojos azules, turquesas y tenía en las manos un vestido de encaje rosa, envuelto por la tintorería.

En ese momento la mujer se pone pálida, le tiemblan las piernas y con voz entrecortada le cuenta a mi vecino que hace un año, cuando Marina iba a festejar sus quince, un automóvil la atropelló y murió al instante, sin poder llegar nunca a su hogar.

Juan, se quedó sin aliento. No podía creer lo que esa mujer le decía sobre la chica que había hablado con él todo el viaje. También a nosotros nos cuesta creer que eso haya pasado; con la única diferencia que él la vio y se comunicó con su alma, de manera tan real como si se hubiera materializado.

...............

Sí, lo que contó es difícil de creer. Pero historias como ésta, seguro hemos escuchado alguna vez en nuestra vida. ¿Será que la ciencia pueda encontrar alguna explicación de esto? ¿Qué sucede con nuestra conciencia cuando fallecemos?

Quizá la respuesta, la puede tener en el futuro, la física cuántica. Es la parte de la física que estudia el comportamiento de las partículas más pequeñas. La energía que generan hace posible, atravesar paredes, encontrarse en varios sitios a la vez y verse en todos los sentidos al mismo tiempo.

Los doctores Stuart Hameroff del departamento de anestesiología y psicología y director del Centro de Estudios de Conciencia de la Universidad de Arizona, junto a su colega Roger Panrose, físico matemático de la Universidad de Oxford, Reino Unido, trabajaron en una teoría que establece que la conciencia está contenida en unas estructuras llamadas microtúbulos dentro de las neuronas, nuestras células cerebrales.

Los científicos piensan que nuestras experiencias son resultados de procesos cuánticos dentro de esos microtúbulos. O sea que actuarían como canales para la transferencia de la información.

Los doctores afirman que cuando una persona fallece, el corazón deja de latir y los microtúbulos pierden su estado cuántico, pero la información que contienen, no se destruye; simplemente se distribuye por el universo. ¿Sería posible que esa información exista fuera del cuerpo? ¿Podríamos llamarla alma?

# Juanito vive en la Luna

Juanito es un niño soñador. Tiene cinco años y cuando sea grande le gustaría ser astronauta.

-"Siempre en la luna"-le dice su maestra.

-"Eso es imposible, ya que, hasta el momento, no se ha encontrado la forma de habitar en ella"- le aclara la señorita Silvia, de preescolar.

El motivo de ser inhabitable, es por las amplias variaciones de temperatura, y las radiaciones que le impiden vivir a un ser humano.

Recientemente, una sonda de exploración japonesa encontró una cavidad subterránea en la Luna. Tiene cincuenta Kilómetros de largo y podría resguardar a los futuros astronautas de las duras condiciones climáticas.

La sonda de nombre SELENA detectó una gruta de cien metros de ancho y cincuenta Kilómetros de largo, que pudo ser el resultado de un túnel de lava volcánica, formado hace tres mil 500 millones de años.

-" Todavía no se exploró el interior de esta cueva"- dice Junichi Haruyama, investigador de Jaxa, la agencia japonesa de Investigación Aeroespacial. Y agregó que existe un proyecto para el 2030 de enviar astronautas a una estación internacional.

En una primera etapa se construiría una estación espacial en la órbita, alrededor de la Luna y luego en el propio satélite.

Lo cual hará posible que el sueño de Juanito, se haga realidad.

# El viaje a Marte en 45 días

Carlos y Estaban sacaron su pasaje a Marte sin escalas.

Se dirigen a la flamante estación aeroespacial de Houston, Texas con muy poco equipaje, ya que, dentro de la nave, deberán permanecer sentados por 45 días.

- " No se preocupen, por nada", escuchan decir por un parlante, ya que la nave está programada para proveerles constantemente, lo que necesiten en el momento que ustedes pidan. Con sólo decir "lectura", se les presentará frente a sus ojos un dispositivo con temas para leer en el idioma que prefieran.
 Para hacer sus necesidades, debajo del asiento presentan recipientes autodescartables.

La nave tiene forma circular y los pasajeros se disponen en circulo, debido a que la propulsión será en forma de giro sobre un eje vertical.

Presenta un novedoso motor que puede viajar en menos tiempo, sin usar combustible. La energía para desplazar la nave la obtienen de la energía solar. Su unidad de procesamiento, tomaría esa energía, para producir microondas que se mueven y rotan dentro de una cámara resonante, logrando una propulsión que desafía las leyes de la física.

 Para dormir, el asiento se inclina lentamente transformándose en cama, mientras el colchón realiza un masaje que induce a un sueño reconfortable, y permite que la circulación de la sangre fluya de mejor manera.

Los días pasan rápidamente ya que en la nave solamente pueden viajar unas 10 personas, las cuales, interactúan constantemente con charlas y juegos por internet.

Si bien la nave viaja a mucha velocidad, los pasajeros no perciben ninguna turbulencia, ya que permanecen en una cámara aislada y presurizada del resto de la nave.

................
La conquista del espacio fue siempre una meta que parecía imposible de alcanzar por el hombre.

Hasta ahora, las largas distancias entre los planetas del Sistema solar hacían pensar a los científicos que únicamente se podrían lograr viajes con vehículos de propulsión a combustible. En su afán de encontrar la forma de que una nave viaje en el menor tiempo posible, analizan motores que pueden desafiar las leyes de la física.

Un novedoso motor llamado Em drive, es estudiado por la NASA, que tal vez permita cumplir el sueño de viajar a Marte en 45 días.

# Vivir en el año 2562

En el piso 191 de la torre D, vive una pareja de ancianos llamados Juan y Matilde.

Como se sentían muy solos, porque no tenían hijos, adoptaron un robot al cual llamaron " Razón"

Razón le trae el diario a Juan y le prepara la leche a Matilde, quien por la artrosis de su cadera no puede estar parada mucho tiempo.

Para Matilde, el pequeño robot es su hijo, ya que lo ama como si lo fuera. Lo sube a su falda, y le cuenta cuentos de otras galaxias mientras le acaricia la cabeza. Es un gran compañero.

La pareja de ancianos, tienen más de 120 años, y sienten la soledad, ya que sus amigos ya no existen.

Razón es un compañero ideal para ellos ya que juntos cantan canciones en karaoke y les pide que jueguen a preguntas y preguntados en distintos idiomas con su tablet.

Después del 2500, el efecto invernadero, hizo que no se críe más ganado para alimento. Las hamburguesas que comen los habitantes son fabricadas in Vitro, extrayendo células madres de animales e inyectando una proteína para que crezcan; se les agrega oxígeno, azúcares y minerales; en pocas semanas se convierten en fibras musculares con el mismo sabor que la carne de vaca.

La torre D, donde viven los ancianos, se ilumina gracias a un satélite que se sitúa a 500 Km de la Tierra y es capaz de cubrir un diámetro entre diez y ochenta Km, con un rango de luz donde la intensidad se puede regular.

Además de Razón, el "hijo adoptivo" de Juan y Matilde, ellos compraron un perro llamado " Tango", quien juega con Razón cuando los padres miran televisión en 3 D.

Juan y Matilde los aman, pero los amenazan con no llevarlos de vacaciones a Marte, si se portan mal.

Tienen pensado viajar a Marte en 45 días sin escala con la nave de vuelos internacional Em DRIVE.

.....................

¿Sabías que muchas de estas noticias sobre satélites de iluminación, viajes a Marte sin escalas, con motores limpios que no usen combustible en la propulsión y alimentación sin matanza de animales se están estudiando actualmente?

Estos avances científicos, permitirán tener un planeta más limpio y sin tanta contaminación.

# Priscila quería ser princesa

Todas las niñas sueñan con ser princesas.

Priscila era una niña pobre y debía ayudar a su madre a cuidar a sus hermanos. Por lo que mientras estudiaba, cocinaba y limpiaba, también hacía de niñera.

Se mantenía ocupada hasta que conoció a su príncipe azul, Felipe. Se enamoró, se casó con él y tuvo hijitos, a los que cuidó y crió con mucho amor.

El tiempo pasaba y Priscila seguía soñando con presentarse a un concurso de belleza.

Un día, mientras hacía las compras en el Mercado del barrio, leyó un afiche que decía: " Chicas de 18 a 25 años presentarse para selección de la Reina de las manzanas verdes".

Entusiasmada con la propuesta, no leyó que era "hasta" los 25 años.

Priscila, no se percató que el tiempo pasó para ella. Y ya estaba vieja para postularse al concurso de la reina de las manzanas verdes.

Aunque ella se sentía de 20, sus arrugas en la cara demostraban otra cosa.

Mientras secaba sus lágrimas sobre las mejillas, pensaba en que nunca se había imaginado que podía envejecer.

Sacó turno en la Clínica Revival, donde el doctor le hizo un tratamiento con hormonas de crecimiento y medicamentos usados para la diabetes.

El doctor le dijo: " La vejez es una enfermedad, y como tal debemos tratarla y curarla".

Usó un tratamiento basado en el descubrimiento científico de médicos norteamericanos que estimulan al TIMO, glándula que se encuentra entre los pulmones y es importante para las defensas que combaten las infecciones y el cáncer.

Con el correr de los años, esta glándula se atrofia, y se descubrió que, al estimularla con medicamentos antidiabéticos, DHEA y metformina, se revirtió la edad genética.

Este tratamiento le permitió a Priscila lucir como de 20 años a los 50. Y en los próximos concursos se prohibieron poner límites de edad. Un jurado regulador dictó: " La edad, es sólo una cuestión de actitud". Porque es viejo el que se siente viejo, y poner límites de edad para participar en un concurso, es discriminatorio.

Al próximo año, Priscila se presentó al concurso y lo ganó.

......................

Gracias a la ciencia, se demostró que, en un futuro, regenerar al timo, podría prolongar la vida y evitar ser viejos con hormonas de crecimiento y drogas útiles en la diabetes.

# Me regalaron un perriciérnaga

Mi perro no sólo brilla por su belleza, sino que, cuando se alegra mi perrito Tango mueve la cola y además brilla como una luciérnaga.

Muy contenta me puse el día que me lo trajeron; y grande fue mi sorpresa cuando vi ¡Que brillaba en la oscuridad!!

Mis padres habían contratado a una compañía de ingeniería genética para que una muestra obtenida de Tango a través de un pequeño pinchazo, fusionaran la parte del ADN de las células que producen la luz de las luciérnagas, con la parte del ADN de mi perro.

El método que usaron se llama CRISPR/CAS (consiste en cortar genes de una cadena y pegarlo a otro ADN, como perlas de un collar).

Mis amigos adoraban a Tango, especialmente cuando andábamos en bicicleta en los caminos de la Playa, Tango podía iluminarnos el camino sin necesidad de linternas.

El problema surgió porque un Comité de Ética se presentó en mi casa pidiendo que le diéramos a Tango, argumentando que no sabían que sucedería si mi perro tuviera hijos, ya que podrían ser defectuosos o inclusive, ¡Ser un peligro para la especie humana!!

Nos decían que podían ser más fuertes, más resistentes a la adversidad o más agresivos. Que la raza de Tango podría entrar en peligro de extinción.

Cuanto más escuchaba la conversación, más loco me parecía todo esto. Y no iba a permitir que se llevaran a mi querido Tango.

Así que en me moví en silencio, junté su plato de comida, una botellita de agua, su colchón y en pijama, nos escapamos por la ventana.

......................................................

La noche estaba oscura, pero yo llevaba mi Luz, mi Sol, mi amado Tango. Y no permitiría que le apaguen la luz hasta que el destino y Dios lo hagan.

......................................................

Muchas esperanzas se depositan en la biogenética, para la cura de enfermedades y tratamientos de las mismas, hasta pensar en la inmortalidad.

El tema que se plantea, es ético, porque al modificar el genoma, no sabremos si las nuevas especies que se formen serán mejores o se podrán adaptar al medio donde viven y el problema mayor que se presenta, es que el defecto se transmitiría a las nuevas especies, y pueda afectar la perpetuidad de la especie.

## Tres amigas viven al mismo tiempo realidades diferentes

Tres amigas, Carla, Mariana y Jésica se juntaron a jugar con un dispositivo de realidad virtual.

¡Qué bueno! dijeron, sin embargo, las tres chicas, luego de ver el video en el visor, nunca más decidieron usarlo.

¿Cuál habrá sido el motivo?

Si bien la película fue la misma para las tres, cada una experimentó una situación diferente.

_Carla se despierta sobresaltada. Un estruendo la atormenta en la madrugada. Escucha voces y pasos fuertes que se dirigen hacia ella. Unos hombres encapuchados y armados la amarran y se la llevan en pijama a la calle. Le vendan los ojos, y la introducen en una camioneta donde le atan las manos y le tapan la boca.

Siente el corazón palpitar fuerte. Una voz gruesa, le dice:"No hagas ruido".

Se despierta y siente una gran preocupación.


_Mariana, se levanta a desayunar y escucha que golpean la puerta. Se dirige a abrir, pero antes, unos policías la derriban y gritan: "Arriba las manos". Le preguntan si vive sola y le dicen que los acompañe para declarar sobre un crimen.

 Ella no entiende de qué se trata y se despierta asustada.

_Jésica, se despierta abruptamente a medianoche cuando su perro Malevo ladra con fuerza, alertándole sobre unas personas que intentan entrar por la ventana. Malevo no para de ladrar a los invasores que rompen el vidrio para entrar. Jésica corre hacia el pasillo, intenta bajar las escaleras, pero las personas la alcanzan y en el forcejeo se cae rodando por ellas. Es víctima de un robo y la dejan encerrada en el baño mientras ellos se escapan con sus pertenencias.
 Se siente impotente y triste.

...Sabías que la realidad no existe? ¿Sólo existe si se la mira?

Hasta el momento, se pensaba que la realidad era una sola.

Sin embargo, un reciente experimento científico demostró, que sólo existe si se la mira.

La explicación está en la mecánica cuántica, donde las partículas pueden unirse y cambiar, provocando que un mismo hecho se vea de manera diferente para distintos observadores, como la película que vieron las tres chicas, Jésica, Mariana y Carla.

Lo dice Alejandro Fedrizzi, quien lideró un experimento de física cuántica de Heriovott.

# Cada 7 de agosto

Adrián le lleva el cuaderno de notificaciones del colegio a su mamá.

"Estimada señora Lita, la espero mañana a las diez en punto, para hablar sobre el comportamiento de su hijo", la saluda cordialmente: Señorita Ernestina.

¡Qué habrás hecho esta vez Adrián!

-Yo nada MA, es que la seño no me cree las cosas que le cuento y "dice que soy un fabulador".

- ¡Cuántas veces te digo que dejes de volar Adrián! le dice su mamá ¡Es por culpa de la tele! ¡En cualquier momento se prohíbe en esta casa, mirar la tele después de las diez de la noche!

Al día siguiente: "Mi hijo tiene mucha imaginación señorita, pero no le da derecho a mentir", dice la madre de Adrián.

¿Por qué dice que miente?, le responde la señorita Ernestina, sólo le pido que lo observe.

Adrián le contó a su maestra que cada siete de agosto, en el día de San Cayetano, exactamente a las dos de la mañana, se enciende el televisor sin que nadie lo haga, y recibe señales con voces extrañas que aparecen en el aparato.

¿Usted cree que eso puede ser verdad?, le pregunta la madre de Adrián.

¿Si bien es poco creíble, por qué inventaría algo así?

Doña Lita, quedó más preocupada que antes, tal vez su hijo, sufriría de alucinaciones propias de alguna enfermedad mental.

Hasta que una noche de un  7 de agosto, la madre de Adrián, comprueba que a las 2 de la mañana, el televisor se enciende solo, y comienza a mandar señales como de lluvia y unas voces indescifrables que las puede grabar con su celular.

Al principio, no pudo darse cuenta sobre el mensaje, pero luego, en forma lenta escuchó lo siguiente:

-Shalom alei Khem
-Haven Mazal tou

-Baruch Haba

La madre de Adrián, compartió el material con un amigo de la 
infancia que era profesor de historia antigua, y él le dijo que eran 
palabras de civilizaciones muy antiguas, que querían decir:

-Venimos en Paz
-Deseamos Buena Suerte
-Bendiciones

Tal vez algunas civilizaciones que vienen de lejanos planetas 
intenten comunicarse con nosotros, usando ondas de radio con 
tecnologías desconocidas para nosotros.

.....................

En la actualidad, un grupo de investigadores han detectado ráfagas 
de radio rápidas en dispositivos del espacio exterior provenientes de 
galaxias que están tan lejos, que la distancia la miden en " millones 
de años luz".

Y se necesitarían aparatos muy sofisticados para poder captar esos 
mensajes.

# Vidas Paralelas

Pamela y su mejor amiga Noelia están planeando un viaje. Se conocen desde el jardín de infantes y desde entonces son amigas inseparables.

Tardaron mucho en decidir el destino, pero finalmente optaron por viajar a Japón.

La pasión por los videojuegos y el animé, las ayudó a tomar la decisión.

Se alojaron unos días en un lujoso Hotel de Tokio, y disfrutaron del sushi y el paisaje del lugar, pero una mañana se despertaron con un fuerte ruido a vidrios rotos y objetos que caían por todos lados.

Salieron a los pasillos y vieron gente corriendo tratando de bajar las escaleras. Ellas agarraron las pocas pertenencias que tenían a su alcance y comenzaron a correr.

"Tienen que salir urgente", les dijo un guardia, porque un fuerte sismo está azotando la ciudad.

Pamela bajaba las escaleras, junto a la multitud hasta salir a la calle, sin darse cuenta que su amiga Noelia, había quedado atrapada entre dos pisos.

Y no fue la única.

Cientos de personas, han perdido la vida en ese terremoto.

.................................

Los bomberos rescatan a Pamela, la trasladan a un hospital donde le realizan una operación en la pierna, que se había roto al rodar por los escalones.

Puede curar su pierna, pero queda renga.

"Es mejor estar renga que muerta", le dice su madre. Pero Pamela sufre una profunda depresión y a la vez culpa por haber perdido a su amiga. Si no hubiesen ido a Tokio, tal vez en ese momento, estarían paseando tranquilamente por las calles de Buenos Aires.

Los sentimientos de tristeza y culpa, no la dejan en paz. Pamela siente como si hubiese vivido esa misma experiencia una y otra vez.

Luego de un tiempo, ella conoce a un misterioso anciano que le dicen " el Chamán", usa barba blanca y larga. El viejo, la ve tan triste que dice tener la solución para su problema. Y le hace atravesar un túnel donde luego de pasarlo, se encuentra en otra dimensión en la que  ella, se ve más joven.

Y su amiga Noelia también. ¡Y está viva!

¿En un momento Noelia le pregunta si le gustaría viajar a Méjico?

-Nada de Méjico, ni destinos en los que pueda haber terremotos- dice Pamela

Noelia, no entiende la reacción exagerada de su amiga, pero como disponía de poco dinero le pareció mejor idea viajar a Córdoba.

El micro que las llevaba, iba muy tranquilo esa mañana de enero con cielo despejado, pero el chofer se descompensó y perdió el control del bus en una curva peligrosa, donde las dos amigas perdieron instantáneamente la vida.

Pamela, su alma no puede dejar de sentir tristeza y culpa por el disgusto que les provocaría a sus padres la noticia.

Entonces decide volver al túnel, donde el Chamán la guía para pasar a otra dimensión

La dimensión en que Pamela aún no conoce a Noelia

Un día en la casa de su primo, a Pamela le presentan a Noelia. Pero ella no quiere demostrarle empatía y menos, ser su amiga.

A pesar de todo el esfuerzo que Pamela hace para no estar cerca de Noelia, su primo se enamora perdidamente de ella. Y deciden casarse.

La boda se prepara con mucho entusiasmo, todos cantan y bailan, pero Pamela siente que si se mantiene alejada de Noelia, ambas estarían fuera de peligro.

De repente, un grupo armado irrumpe en la fiesta, y les disparan a todas las personas que se les cruzan por el camino, entre ellas a su querida amiga Noelia y su primo.

...............................

Pamela siente que por más que intente mantenerse alejada de Noelia no puede evitar vivir una experiencia traumática junto a ella.

Tal como si fuese un deja vu, que es la sensación de haber vivido ya algo que se produce por primera vez.

............................

¿Será que una misma persona puede vivir varias vidas en simultáneo y en diferentes tiempos?

¿Será que la ciencia pueda explicar la existencia de vidas paralelas en mundos diferentes?

Son muchos los interrogantes, y pocas las respuestas que existen hasta el momento.

Recientemente, un investigador argentino, Juan Maldaceda habló sobre su trabajo: Agujeros de Gusano atravesables por seres humanos, que serían como atajos en el espacio-tiempo, o túneles espacio-temporales que permitirían viajar al futuro.

Buy your books fast and straightforward online - at one of world's fastest growing online book stores! Environmentally sound due to Print-on-Demand technologies.

Buy your books online at
**www.morebooks.shop**

¡Compre sus libros rápido y directo en internet, en una de las librerías en línea con mayor crecimiento en el mundo! Producción que protege el medio ambiente a través de las tecnologías de impresión bajo demanda.

Compre sus libros online en
**www.morebooks.shop**

KS OmniScriptum Publishing
Brivibas gatve 197
LV-1039 Riga, Latvia
Telefax: +371 686 204 55

info@omniscriptum.com
www.omniscriptum.com

Printed by Books on Demand GmbH, Norderstedt / Germany